Como Yo Los He Amado

Por Christopher J. Ruff, M.A., S.T. L.

Traducción: Gloria Zapiain, M. A.

Como Yo Los He Amado

Novo Millennio Press
PO Box 160
La Crescent, MN 55947
www.novomill.com

Nihil obstat: Rev. Carlos R. Román Toro, JCL, MA
          Censor Librorum

Imprimatur: William Patrick Callahan, OFM Conv.
          Obispo de La Crosse

El *nihil obstat* y el *imprimatur* son declaraciones oficiales aseverando que un libro o panfleto están libres de error doctrinal o moral. No implican que los que han otorgado *el nihil obstat* y el *imprimatur* están de acuerdo con el contenido, opiniones o declaraciones expresadas.

A menos de que sea estipulado, las citas de las Sagradas Escrituras fueron tomadas de La Biblia Latinoamericana © San Pablo, Protasio Gómez, 15 * 28027 MADRID 1972 y © Editorial Verbo Divino, Avenida de Pamplona 41 * 31200 ESTELLA (Navarra). Textos impresos con los debidos permisos. Todos los derechos reservados.

Citas de la traducción al español del *Catecismo de la Iglesia Católica* © 1992. Esta edición del Catecismo de la Iglesia Católica es publicada en forma conjunta para Estados Unidos por William H. Sadlier, Inc., en colaboración con la United States Catholic Conference, Inc., agentes oficiales de la Librería Editrice Vaticana, en los Estados Unidos. Textos usados con los debidos permisos. Todos los derechos reservados.

Citas de St. Thérèse de Lisieux se han tomado de *"The Story of a Soul,"* T.N. Taylor, ed. (Burns, Oates, & Washbourne, London, © 1912).

Arte de Portada: Ford Madox Brown, *Christ Washing Peter's Feet,* 1852-56. Imagen licenciado por Restored Traditions. www.restoredtraditions.com.

Diseño Gráfico:
Alice J. Andersen
www.alicejandersen.com.

Prefacio

En el verano del año 2006, Christopher Ruff, director de la Oficina de Ministerios y Asuntos Sociales de la diócesis, vino a mí con una propuesta. Quería desarrollar un programa diocesano para pequeños grupos en que se compartiera la fe, estilo "Bible Study" con los ingredientes de oración, reflexión y camaradería, pero añadiendo uno más—servicio a los demás por amor a Dios.

Chris percibía que muchos católicos pensaban que el ministerio a los que carecen y sufren correspondía solamente a los comités eclesiásticos de justicia social e instituciones como "Catholic Charities," y que su intervención personal se reducía a dar ayuda económica a estas instituciones. Es cierto que Jesús nos relata el cuento del samaritano que le dio dinero al posadero para que cuidara de un hombre herido—pero antes de eso tuvo el samaritano compasión de él y personalmente limpió sus heridas con aceite y vino, lo montó sobre su propio animal y lo condujo a la posada.

Con este tipo de amor al prójimo en mente, Chris buscó un recurso de fe compartida que combinara un espíritu de oración y contemplación con el llamado universal de servir a Cristo en "el más pequeño de sus hermanos." Quería encontrar algo que penetrara el corazón del Evangelio, pero que fuera conciso, claro y práctico para personas con muchos que haceres y responsabilidades. Aun el componente vital de servicio tenía que ser manejable y suficientemente amplio que incluyera diferentes tipos de servicio. Al final, Chris decidió escribir su propio libro usando su escaso tiempo disponible para poder publicarlo. Le siguió un segundo libro, un tercero en progreso y otros por venir.

La reacción en la Diócesis de La Crosse ha sido extraordinaria.

En lo que supuestamente iba a ser una pequeña fase piloto durante la cuaresma del 2007, arriba de mil personas en más de treinta parroquias tomaron parte (en nuestra modesta diócesis Wisconsin de 165 parroquias). Al final, las encuestas efectuadas reflejaron un gran entusiasmo y más del 95% expresaron deseos de participar en el siguiente curso. Al ofrecer el programa a toda la diócesis con el segundo libro en el otoño del 2007, cerca de dos mil personas se incorporaron a grupos en casi cien parroquias.

Este conjunto de recursos de fe compartida sigue creciendo y lleva el nombre apropiado de Serie de Discipulado. Yo he estado viendo la formación de discípulos en nuestra diócesis—discípulos íntegros y auténticos creciendo en el amor a Dios y al prójimo. Yo espero que la siembra y fomento que se lleva a cabo a través de la Serie de Discipulado nos anime a esperar una buena cosecha de obras apostólicas. Yo enfáticamente recomiendo esta serie a personas, grupos, parroquias y otras diócesis que quieran fomentar un discipulado en Cristo más profundo, para que el mundo alrededor se incline a decir como lo hicieron respecto a los primeros cristianos: "¡Vean como se aman unos a otros!"

Excmo. Sr. D. Jerome E. Listecki
Arzobispo de Milwaukee
(en 2008, Obispo de La Crosse)

Reconocimientos

El primer reconocimiento tocante a esta edición en español corresponde a Gloria Zapiain por su calurosa y acertada traducción, que revela sus muchos años de experiencia en trabajos pastorales diversos. También quiero agadecer el excelente trabajo de diseño y redacción de Alice Andersen, en una lengua ajena a la suya.

Quiero también reconocer con gratitud a los siguientes colegas por sus ideas creativas y apoyo espiritual en la creación de este recurso.

Jeff Heinzen
Ann Lankford
Christopher Rogers
Deacon Richard Sage

Finalmente, y principalmente, quiero dar las gracias a mi esposa Clare, cuyo amor por Cristo resplandece, y quien ha sido tan paciente con mis largas noches de trabajo en este proyecto.

Christopher Ruff

Contenido

Sesión 4 – La Eucaristía: Fuente de Conversión
   (página 68)

Jesús en las Escrituras – Encontrando a Jesús al Partir el Pan
Juan Pablo II sobre la Eucaristía
*Jesús en la Vida de su Pueblo – Recuperación de la Fe en el
      Cuerpo y la Sangre*
Catecismo de la Iglesia Católica – 1394, 1436
Preguntas para Discutir
*Intercesiones del Grupo y Oración Final – Oración de Juan
      Pablo II Para el Año de la Eucaristía.*

Sesión 5 – Santidad: Perfección de la Caridad
   (página 86)

Jesús en las Escrituras – El Camino al Cielo
Catecismo de la Iglesia Católica – 1717, 2013
Juan Pablo II sobre las Bienaventuranzas
*Jesús en la Vida de su Pueblo – Sta. Teresita de Lisieux y su
      lucha Diaria por la Santidad*
*Jesús en la Vida de su Pueblo – San Francisco de Asís y su
      Santidad Heroica*
Preguntas para Discutir
Intercesiones del Grupo y Oración Final – Radiar a Cristo

Sesión 6 – Redención: Por Sus Llagas Hemos Sido Sanados *(página 104)*

*Jesús en las Escrituras – El Profeta Isaías y Nuestra Salvación
      Predicha - La Llegada del Cordero – La Maldición de Adán
      Anulada – La Redención Proclamada*
*Jesús en la Vida de Su Pueblo – El Misterio del Amor Redentor
      en el Sufrimiento*
Catecismo de la Iglesia Católica – 1426
Preguntas para Discutir
*Intercesiones del Grupo y Oración Final – Oración de San Am-
      brosio para antes de Misa*

Apéndice – Sugerencias para Servicio *(página 122)*

Introduccion

En veinte años de trabajo parroquial y diocesano en la Iglesia no he experimentado nada tan poderoso como la fe compartida en pequeños grupos con mira a una renovación personal y comunitaria.

Ciertamente, el centro de nuestra vida Cristiana es la Misa, la Eucaristía, pero eso no elimina la necesidad humana de formar pequeños grupos "tipo familia," que unan y eleven mentes y corazones. En mi experiencia, si estos grupos se dirigen con sencillez y respetando las múltiples ocupaciones de la actualidad, llegarían a entretejerse en nuestras vidas. La fe penetra hogares y amistades, y la Eucaristía Dominical misma es profundamente enriquecida. Estos grupos frecuentemente permanecen juntos indefinidamente.

Las metas de la Serie de Discipulado de recursos compartidos son de proveer una estructura para que las personas puedan unirse más a Jesús en oración y conversión, para compartir los tesoros de nuestra fe, crecer en vínculos de amistad y servir a Cristo en los demás. En breve:

Oración
Reflexión
Camaradería
Servicio

Los primeros tres elementos son generalmente comunes en todos los programas de fe compartida. El cuarto elemento, servicio, se incluye en la inteligencia de que no somos realmente discípulos de Cristo hasta que no tomamos en serio sus palabras: "En verdad les digo: siempre que no lo hicieron con alguno de estos más pequeños, ustedes dejaron de hacérmelo a mí." *(Mateo 25:40)*. Sin duda las primeras comunidades cristianas acogieron estas palabras, como atestiguan los comentarios de los paganos de aquel entonces: "¡Vean como se aman unos a otros!"

Este recurso contiene seis breves sesiones. Los materiales para cada sesión incluyen pasajes Bíblicos, comentarios, anécdotas reales e ilustraciones, citas pertinentes del Catecismo de la Iglesia Católica, extractos de escritos Papales, y preguntas para que el grupo discuta. Cada sesión principia y termina con una oración.

Finalmente, aun cuando este programa está diseñado para grupos de fe compartida, podría se muy útil también para uso individual.

Que Dios los bendiga al seguir adelante en Su nombre, y lleguen a recibir en su plenitud la alegría de Cristo. *(cf., Juan 15:11.)*

Christopher Ruff

Cómo Usar Este Libro

La Serie de Discipulado que contiene materiales para compartir la fe tiende a ser sencilla y flexible. A continuación encontrarán la información necesaria para implantarla:

Cómo Establecer y Manejar Uno o Más Grupos

- Mediante invitación personal o anuncios parroquiales, formar uno o varios grupos pequeños (de 5 a 12 personas cada uno).

- Si se establecen para la Cuaresma, los grupos deberán reunirse semanalmente. De no ser así, una vez por mes tiende a ser más conveniente para la mayoría. La duración típica para cada sesión es de 90 minutos. La duración que se establezca inicialmente deberá respetarse rigurosamente.

- Cada grupo tendrá un coordinador. Puede ser la misma persona en cada junta, o pueden alternarse el puesto entre los miembros del grupo.

- La responsabilidad del coordinador no será el ser un experto en la materia o dominar la conversación. Su deber consistirá en iniciar y terminar la sesión a tiempo, conservar las discusiones en el tópico correspondiente, evitando estancamientos, fomentando un ambiente amable y de apoyo en el que se invita a que todos participen.

- Los miembros del grupo decidirán en qué lugar tendrán sus juntas. Lo ideal es tener las sesiones en las casas de los miembros ya que una meta clave es llevar la fe a nuestra vida diaria. Si esto no conviniera, un salón en una parroquia, o una combinación de las dos posibilidades.

- Cada miembro deberá leer con detenimiento y concentración el material antes de cada sesión, haciendo algunos apuntes en relación a la sección "Preguntas para Discutir."

- La sesión principia con la Oración al Espíritu Santo, o alguna otra oración apropiada para abrir los corazones a la presencia de Dios.

- Luego los miembros del grupo leerán en voz alta el material para la sesión, turnándose para que a cada quien le toque un párrafo o pequeña sección. Este formato continuará hasta la discusión de preguntas.

- Cuando falten como diez minutos para que se termine el tiempo establecido, se procederá con "Oraciones de Intercesión del Grupo," aun cuando el grupo no haya terminado con la discusión de todas las preguntas.

- Las oraciones de intercesión deberán ser intenciones espontáneas. Dirigirán el poder de la oración a diferentes necesidades y simultáneamente profundizarán el espíritu de camaradería del grupo. Concluir con la "Oración Final."

- La sesión deberá concluir a tiempo, aun cuando algunos miembros tengan deseos de seguir. Esto es vital para la salud y larga vida del grupo. Se podría seguir con quince o veinte minutos de intercambio social para aquellos que puedan quedarse y servir un refresco sencillo, con énfasis en lo de sencillo.

El Elemento Servicio

- El Elemento de Servicio distingue este programa de muchos otros en los que también se busca compartir la fe. Contamos con que los miembros de este grupo dediquen una o dos horas entre sesiones a alguna forma de servicio (si las juntas son semanales, podrían ser de una o dos horas al mes). El servicio podrá llevarse a cabo individualmente o con otros.

- El Servicio puede tomar muchas formas, pero deberá venir del corazón. En realidad, servir a los pobres, a los enfermos, a los ancianos, a los reclusos, a los desamparados, etc., siempre han ocupado un lugar muy especial para los que siguen a Cristo.

- Algunos probablemente ya estén dando mucho tiempo sirviendo a los demás. En ese caso será suficiente "dedicar" concientemente

parte de ese servicio al esfuerzo y espíritu
común del grupo.

- Cada serie de "Preguntas para Discutir"
  incluye una que toca el elemento de servicio.
  Esto es para mantener viva la importancia
  del Servicio, el cual se lleva a cabo bajo un
  código de honor personal (sin que nadie esté
  vigilando lo que hace el otro).

Reglas de Comportamiento para el Grupo

- Oren por los miembros de su grupo, entre sesiones.

- Observen el aspecto confidencial.

- Sepan escuchar y animen a los demás a contribuir en la discusión, sin que una sola persona monopolice la conversación. Los miembros que tiendan a hablar más, deberán dar oportunidad a los más callados de participar antes de que los que ya hablaron vuelvan a hablar.

- Ama a tu prójimo hablándole amablemente, y abstente de todo tipo de chismes.

- Llega a tiempo, bien preparado, y toma parte activa en la discusión y oración.

- Toma seriamente el elemento de servicio para que seas un amoroso (y siempre humilde) testigo ante los demás en tu grupo.

- Sé abierto y cuenta con la acción de Dios en tu vida y oración— ¡ Confía en que cambiarás!

Oración Recomendada para Iniciar Cada Sesión:

Oración al Espíritu Santo

Ven Espíritu Santo,

Llena nuestros corazones con el fuego de tu amor.

Llévanos cerca de Jesús,

Para que seamos testigos de su presencia

En cada momento de nuestras vidas.

Renuévanos, para que nuestros hogares, parroquias,

Barrios y el mundo

Sean transformados en el reino de los cielos del

Padre en la tierra,

Donde reinen el amor y la misericordia.

Amen.

Sesión 1

Despertar: El Llamado de Jesús

Jesús en las Escrituras

El Apóstol Pedro, su Despertar/Conversión/Misión

Cierto día la gente se agolpaba alrededor [de Jesús] para escuchar la palabra de Dios y él estaba de pie a la orilla del lago de Genesaret. En eso vio dos barcas amarradas al borde del lago; los pescadores habían bajado y lavaban las redes. Subió a una de las barcas que era la de Simón, y le pidió que se alejara un poco de la orilla; luego se sentó y empezó a enseñar a la multitud desde la barca.

Cuando terminó de hablar, dijo a Simón: «Lleva la barca mar adentro y echen las redes para pescar.» Simón respondió: «Maestro, por más que lo hicimos durante toda la noche, no pescamos nada; pero si tú lo dices, echaré las redes.» Así lo hicieron, y pescaron tal cantidad de peces, que las redes casi se rompían. Entonces hicieron señas a sus compañeros que estaban en la otra barca para que vinieran a ayudarles. Vinieron y llenaron tanto las dos barcas que por poco se hundían.

Al ver esto, Simón Pedro se arrodilló ante Jesús, diciendo: «Señor, apártate de mí, que soy un hombre pecador.» Pues tanto él como sus ayudantes se habían quedado sin palabras por la pesca que acababan de hacer. Lo mismo les pasaba a Santiago y a Juan, hijos de Zebedeo, compañeros de Simón. Jesús dijo a Simón: «No temas; en adelante serás pescador de hombres.» En seguida llevaron sus barcas a tierra, lo dejaron todo y siguieron a Jesús.

(Luc 5, 1-11.)

Empaparse de la Palabra

Dos Minutos de Silencio

Reflexionar...

Hay tres etapas vitales de crecimiento que deben de existir en la vida de un cristiano entregado:

- **Despertar:** ¿Quién es Cristo y cuál es mi relación con él?

- **Conversión:** «Convertir» viene del latín y significa «transformar». ¿Cómo renuncio al pecado y vuelvo radicalmente a Cristo como su discípulo?

- **Misión:** ¿Cómo puedo ayudar a llevar el amor y la verdad de Cristo a los demás?

Es interesante percatarnos que en el relato bíblico de Simón Pedro y la pesca milagrosa, se encuentran estas tres etapas.

Despertar: Al principio de este pasaje, Simón lavaba sus redes después de una decepcionante noche de pesca, cuando Jesús le pide que le permita hablar a la multitud desde su barca. Así es que Simón se retira de la orilla y presuntamente se sienta al lado de Jesús mientras enseña a la gente. ¿Qué les enseña Jesús? El pasaje no nos lo dice, pero sabemos que las palabras del Hijo de Dios penetran y despiertan los corazones de aquellos dispuestos a recibir el evangelio. Algo conmovía a Pedro mientras escuchaba a Jesús, porque cuando la enorme pesca se logró, se...

Conversión: ...deja caer de rodillas y dice, «Apártate de mí, Señor, que soy un hombre pecador.» Estamos tan acostumbrados a leer estas palabras que es muy probable que no reflexionemos en lo extraño de esta reacción. ¿Por qué Pedro no brinca de gusto, abraza a Jesús, y festeja? ¿Por qué súbitamente pensó en su condición pecaminosa? Tal vez porque la persona de Jesús y sus enseñanzas lo conmovieron profundamente, y siente que está en la presencia de una santidad extraordinaria. Este contraste tal vez le provoca humildad y vergüenza, impulsándolo a querer separarse de esta luz radiante que choca con la oscuridad que percibe en su propia alma.

Misión: Pero Jesús le dice que no tema, que «en adelante serás pescador de hombres,» y Pedro pone su confianza en Jesús, no obstante su carácter débil y pecaminoso. En realidad, el relato nos dice que él, Santiago y Juan «lo dejaron todo y siguieron a Jesús.» Con la ayuda del Espíritu Santo, estos hombres y los demás Apóstoles fueron los primeros evangelizadores de Cristo.

Los Evangelios nos muestran que Pedro continuó a «despertar,» a crecer en su conocimiento y comprensión de Jesús.

Por su naturaleza volátil e inestable, tuvo oportunidad de aprovechar una «conversión» continua, culminando con su conmovedor arrepentimiento cuando negó a Cristo tres veces, después de que arrestaron a Jesús en el Huerto de Getsemaní.

Finalmente, todos podemos alentarnos con el hecho de que este hombre imperfecto y pecador, finalmente acogió su "misión" como un ferviente discípulo de Jesucristo, un formidable evangelizador, el primer Papa, y un mártir por la Fe.

Jesús en la Vida de su Pueblo

Misión Hollywood

Pedro, el pescador rudo, cayó de rodillas ante el llamado de Jesús, sintiéndose indigno y pecador. Sin embargo, Jesús no titubeó en llamarlo a una nueva vida y encomendarle una gran misión.

Jesús continúa trabajando de esta manera. Veamos como afectó la vida de Eduardo Verástegui, popular artista de pop y televisión que se dirigió a Hollywood en busca de dinero, placer y fama. Guapo en extremo, Eduardo obtuvo el papel principal de la importante película *Chasing Papi*. Pero para esto necesitaba mejorar su inglés, por lo que empezó a trabajar con un tutor.

El tutor de Eduardo resultó ser una católica muy devota, y empezó a hacerle preguntas como, ¿«Quién es Dios en tu vida?» «¿Cómo estás usando tus talentos?» «¿Estás conciente de que tu cuerpo es el templo del Espíritu Santo?»

Cuando Eduardo le dijo que era Cristiano y que amaba a Dios, ella le preguntó que cómo era eso, dada su fama, estilo de vida egoísta y los papeles que estaba desempeñando en sus actuaciones. Eduardo resistió sus amables objeciones hasta donde pudo, pero un día encontrándose solo, pensó en sus preguntas y de repente sus defensas se desplomaron y se convenció que ella tenía razón.

Entonces, Eduardo recuerda haber caído de rodillas y empezar a llorar como nunca lo había hecho, diciendo continuamente, "Por favor perdóname."

Eduardo resolvió nunca más aceptar el tipo de papeles que frecuentemente le ofrecían, papeles que presentaban al hombre latino como estereotipo del mentiroso, narcotraficante o mujeriego. «Me di cuenta que en lugar de usar mis talentos como contribución hacia un mundo mejor, había estado envenenando a la sociedad con los proyectos que desarrollaba.» Confirmé que Hollywood se inclinaba hacia el «lado oscuro» de la experiencia humana, mientras que él «quería prender una vela» a la hermosura y a la esperanza.

Eduardo atribuye su conversión a las oraciones de su madre, recordando que ella había dicho a su esposo, «Hemos perdido a Eduardo, ya no escucha mis palabras; pero lo que no hacen mis palabras lo harán mis oraciones algún día.» Eduardo está convencido que esto fue exactamente lo que pasó, aseverando, «No hay nada más poderoso que las oraciones de una madre.»

Poco después de esta experiencia de conversión, Eduardo fue con el padre Juan Rivas para confesarse y pedir su consejo. Eduardo empezó a ir a Misa diaria y le dijo al sacerdote que pensaba dejar de actuar y emprender un viaje misionero a las selvas de Brasil. El sacerdote le dijo que Hollywood era una «selva» peor, y necesitaba misioneros aún más que Brasil.

¿Pero cómo podría ganarse la vida? ¿Dónde encontraría papeles cinematográficos aceptables?

Eduardo pasó tres años sin actuar y se le dificultaba aún pagar la renta, pero el Padre Rivas le dijo que Dios le mandaría personas que pensaran como él, que le ayudarían a ver el camino a seguir. Ciertamente, en 2004 conoció a dos personas, Leo Severino y Alejandro Monteverde, quienes trabajaban en el ramo del entretenimiento y, habiendo regresado a su fe Católica, estaban ansiosos de producir algo digno y hermoso. Tomaron el nombre de «Los Tres Amigos» y trabajaron juntos con un pequeño presupuesto para producir la película *Bella,* un hermoso film reafirmando el valor de la vida, el cual ganó el Festival Fílmico de Toronto del 2006 y fue un éxito taquillero. Aún más importante, un número de mujeres embarazadas han afirmado que *Bella,* que tiene un tema pro-vida, pro-adopción, las impulsó a cancelar abortos ya programados a favor de dar vida a sus hijos por nacer.

Lo que le pasó a San Pedro sin duda le pasará también a Eduardo Verástegui—continuamente habrá oportunidades de despertar, de conversión y misión. Eduardo ya da señales radicales de su compromiso a una vida nueva con propósito. Como él lo explica, «Dios no solamente me perdonó, sino que me hizo un hombre nuevo y se transformó en el centro de mi vida—mi Salvador, mi Creador, mi Director, mi Todo.»

(Para mayor información sobre Eduardo Verástegui y la película *Bella,* visite www.bellamoviesite.com.)

Catecismo de la Iglesia Católica

1432 – El corazón del hombre es rudo y endurecido. Es preciso que Dios dé al hombre un corazón nuevo.[1] La conversión es primeramente una obra de la gracia de Dios que hace volver a él nuestros corazones…. Al descubrir la grandeza del amor de Dios, nuestro corazón se estremece ante el horror y el peso del pecado y comienza a temer ofender a Dios por el pecado y verse separado de él.

---

[1]Ezek 36, 26-27.

Preguntas para Discutir

1. Mientras Jesús hablaba a la multitud desde la barca de Pedro y lo conducía a la pesca milagrosa, Pedro se percató de quien era Jesús. ¿Cuándo y cómo estás tú más conciente de la presencia de Jesús en tu vida?

____

____

____

____

____

2. Pedro se sintió atraído a la conversión cuando Jesús
    llenó de peces la red vacía. Cuando examinas tu propia
    vida, ¿habrá habido algunas ocasiones en que la frus-
    tración o el vacío—o simplemente el caer en cuenta
    que las cosas del mundo no te satisfacen plenamente—
    te han impulsado a considerar profundamente a Cristo
    como la respuesta? Discútanlo.

____

____

____

____

____

3. Imagínate que Jesús se te apareciera un día, te llamara por tu nombre y te dijera, «Yo te conozco—conozco tus cualidades, tus debilidades, y tus pecados, y tengo una misión para ti. Quiero que me ayudes a 'pescar,' a pescar almas para el Reino de los Cielos. Necesitarás purificación en el camino, pero confía en mí y sígueme.»

    *   ¿Cómo te sentirías? ¿Estarías dispuesto a hacerlo? ¿Qué pasos tomarías para prepararte?
    *   Pero espera. ¿Crees tú ya haber recibido este llamado personal de Jesús? Piénsalo bien y discútanlo.

4. Pedro era pescador, con la determinación y empeño de un pescador. Jesús pudo reforzar estas cualidades, haciéndolo «pescador de hombres». ¿Cuales son tus dones e intereses apasionados con que Dios puede contar para su servicio y para el servicio de los demás?

____

____

____

____

____

Oraciones de Intercesión en Grupo

De 8 a 10 minutos

Oración Final

Salmo 139

Señor, tú me examinas y conoces,
Sabes si me siento o me levanto,
Tú conoces de lejos lo que pienso.
Ya esté caminando o en la cama me escudriñas,
Eres testigo de todos mis pasos.

Aún no está en mi lengua la palabra
Cuando ya tú, Señor, la conoces entera.
Me aprietas por detrás y por delante
Y colocas tu mano sobre mí.

Me supera ese prodigio de saber,
Son alturas que no puedo alcanzar.
¿A dónde iré lejos de tu espíritu
a dónde huiré lejos de tu rostro?
Si escalo los cielos, tú allí estás,
Si me acuesto entre los muertos,
Allí también estás.

Si le pido las alas a la aurora
Para irme a la otra orilla del mar,
También allá tu mano me conduce
Y me tiene tomado tu derecha.

Si digo entonces:
"¡Que me oculten, al menos, las tinieblas
y la luz se haga noche sobre mí!"
Mas para ti no son oscuras las tinieblas
Y la noche es luminosa como el día.

Pues eres tú quien formó mis riñones,
Quien me tejió en el seno de mi madre…
y mi alma bien lo sabe.

Examíname, oh Dios, mira mi corazón,
Ponme a prueba y conoce mi inquietud;
fíjate si es que voy por mal camino
y condúceme por la antigua senda.

(vv. 1-14, 23-24.)

Sesión 2

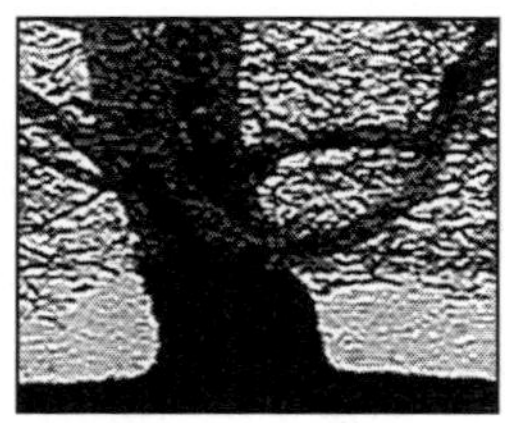

Conversión: Motivo de Regocijo

Jesús en las Escrituras

El Júbilo de la Conversión

Habiendo entrado Jesús a Jericó, atravesaba la ciudad. Había allí un hombre llamado Zaqueo, que era jefe de los cobradores del impuesto y muy rico. Quería ver cómo era Jesús, pero no lo conseguía en medio de tanta gente, pues era de baja estatura. Entonces se adelantó corriendo y se subió a un árbol para verlo cuando pasara por allí.

Cuando llegó Jesús al lugar, miró hacia arriba y le dijo, "Zaqueo, baja en seguida, pues hoy tengo que quedarme en tu casa." Zaqueo bajó rápidamente y lo recibió con alegría. Entonces todos empezaron a criticar y a decir: "Se ha ido a casa de un rico que es un pecador." Pero Zaqueo dijo resueltamente a Jesús: "Señor, voy a dar la mitad de mis bienes a los pobres, y a quien le haya exigido algo injustamente le devolveré cuatro veces más."

Jesús, pues, dijo, con respecto a él: "Hoy ha llegado la salvación a esta casa, pues también este hombre es un hijo de Abrahán. El Hijo del Hombre ha venido a buscar y a salvar lo que estaba perdido."

(Lucas 19, 1-10.)

Empaparse de la Palabra

Dos Minutos de Silencio

Reflexionar...

Muchos de nosotros asociamos "conversión," en primer lugar, con arrepentimiento, aflicción por haber pecado. Ciertamente, la verdadera conversión no puede acontecer sin el arrepentimiento y el propósito de enmienda, pero el relato de Zaqueo nos demuestra que de primordial importancia, después de lo anterior, es volverse hacia Dios. En realidad, esto es lo que nos motiva a abandonar el pecado.

¿Cómo se manifiesta este hecho en el relato de Zaqueo? Note que la primera emoción que se le atribuye cuando Jesús lo llama no fue dolor y arrepentimiento, sino alegría de tener la oportunidad de llevar una amistad con Cristo. Fue como consecuencia de recibir esta invitación y volviéndose a Cristo quien la hizo, que Zaqueo reflexiona en su condición pecaminosa y resuelve eliminarla, corrigiendo su mal comportamiento mediante actos de reparación.

Es al contemplar y admirar la luz gloriosa de Jesucristo, Hijo de Dios, que nos damos cuenta de la oscuridad del pecado en nuestras vidas, y que nos mueve a querer cambiar. Si nos enfocáramos solamente en nuestros pecados, fácilmente podríamos caer en una depresión o desesperación; pero si nos percatamos de la radiante belleza de Cristo y "probamos y vemos la bondad del Señor" *(Salmo 34:8),* podemos enfrentar y arrepentirnos de nuestros pecados con un sentido de esperanza y gozo. Zaqueo, en su jubiloso y humilde encuentro con Cristo, estaba mucho más dispuesto a la conversión que el gran número de espectadores gruñones de espíritu farisaico.

Jesús en la Vida de su Pueblo

La Jubilosa Penetración de la Gracia

San Agustín, quien vivió en el Siglo IV, es reconocido como uno de los grandes santos en la historia de la Iglesia. Es también "Padre" y "Doctor" de la Iglesia debido a su profunda influencia en la articulación de la doctrina Cristiana que se llevó acabo precisamente en esos primeros siglos.

Pero Agustín no empezó siendo muy santo. Le ocasionó a su madre Santa Mónica muchas preocupaciones y lágrimas, y ella nunca dejó de rezar por él. A los dieciocho años Agustín tuvo un hijo. Agustín también era orgulloso y ambicioso, y se fue a vivir a Milán (la "gran ciudad") para darse a conocer como orador y filósofo. Esto lo logró.

No obstante su condición de persona célebre y conocimientos amplios de las nuevas tendencias filosóficas de esos tiempos, sentía una gran inquietud que no lograba satisfacer.

Al parecer, finalmente las oraciones de su madre fueron escuchadas en la persona de San Ambrosio, Obispo de Milán, testigo en la palabra y ejemplo de Cristo y el Evangelio. Después de mucho titubeo y dolorosa lucha con los malos hábitos adquiridos y difíciles de abandonar, Agustín finalmente se abrió a una verdadera y profunda conversión. Esta conversión le produjo una alegría desbordante, que expresó en el siguiente pasaje poético de *Confesiones:*

> *"Tarde Te he amado, Oh Hermosura siempre antigua, y siempre nueva, ¡cuán tarde Te he amado! Tú estabas dentro de mí, pero yo estaba fuera y de fuera yo Te buscaba…. Las cosas terrenas me alejaban de Ti…. Tú has llamado, Tú has clamado y has abierto mi sordera. Tú has brillado, Tú has resplandecido, Tú has disipado mi ceguera. Tú has exhalado Tu perfume sobre mí. Yo lo he inhalado fuertemente y ahora yo suspiro por Ti. Yo Te he probado, y ahora, tengo más hambre y sed de Ti. Tú me has tocado y yo he buscado Tu Paz ardientemente." (Libro X, 27, 38)*

Catecismo de la Iglesia Católica

1 – Dios, infinitamente Perfecto y Bienaventurado en sí mismo, en un designio de pura bondad ha creado libremente al hombre para que tenga parte en su vida bienaventurada. Por eso, en todo tiempo y en todo lugar, está cerca del hombre.

142 – "...Dios invisible habla a los hombres como a amigos, movido por su gran amor y mora con ellos para invitarlos a la comunión consigo y en ella recibirlos."[2]

---

[2]*Dei Verbum,* 2; cf. Col 1, 15; 1Tim 1,17; Ex 33, 11; Jn 15, 14-15; Bar 3, 38 (Vulg.).

Preguntas para Discutir

1. ¿Piensas tú que el mundo secular ve a la conversión y a la religión en general, como fuente de júbilo? ¿Sí o No? Explicar.

____

____

____

____

____

2. ¿Cuando Dios se nos acerca en medio de nuestra condición pecaminosa, por qué sentimos alegría y esperanza? ¿Quiere esto decir que es malo sentir dolor por nuestras culpas?

3. ¿Cuando piensas en conversión, tu primer impulso es pensar en alejarte del pecado o de volverte hacia Dios? Expliquen las razones de sus respuestas.

4. ¿Cómo es que el servir a otros da alegría?

5. ¿Qué nos dice este pasaje de la Biblia respecto a Jesús, respecto a Zaqueo, y respecto a la multitud que se dedicaba a mirar y criticar? ¿Qué podemos deducir de esto?

____

____

____

____

____

____

____

6. ¿En tu vida espiritual, tu vida de fe, recuerdas algunos momentos de alegría, que quieras compartir?

7. ¿Si Jesús te hablara en este momento, qué podría decirte que te diera la mayor felicidad?

____

____

____

____

____

____

Oraciones de Intercesión del Grupo

De 8 a 10 minutos

Oración Final

Señor Dios vivo y verdadero,

Tú eres amor, caridad; tú eres sabiduría,

   tú eres humildad, *tú eres paciencia,*

   tú eres belleza, tú eres mansedumbre,

   tú eres seguridad, tú eres descanso, tú eres gozo…

   tú eres nuestra vida eterna

   grande y admirable Señor,

   Dios omnipotente, misericordioso Salvador!

   Amen.

(Breve extracto de una oración de San Francisco de Asís.)

Sesión 3

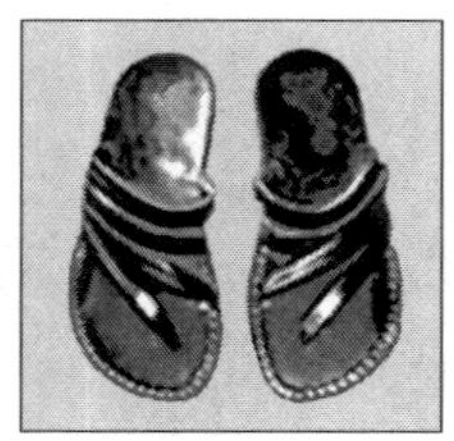

Reconciliación: Arrepiéntete y Regresa

Jesús en las Escrituras

El Padre Misericordioso Espera el Regreso del Pecador

Jesús continuó: "Había un hombre que tenía dos hijos. El menor dijo a su padre: 'Dame la parte de la herencia que me corresponde.' Y el padre repartió sus bienes entre los dos.

El hijo menor juntó todos sus haberes, y unos días después se fue a un país lejano. Allí malgastó su dinero llevando una vida desordenada. Cuando ya había gastado todo, sobrevino en aquella región una escasez grande y comenzó a pasar necesidad. Fue a buscar trabajo y se puso al servicio de un habitante del lugar, que lo envió a su campo a cuidar cerdos. Hubiera deseado llenarse el estómago con la comida que daban a los cerdos, pero nadie le daba algo.

Finalmente recapacitó y se dijo: '¡Cuántos asalariados de mi padre tienen pan de sobra, mientras yo aquí me muero de hambre! Tengo que hacer algo: volveré donde mi padre y le diré: Padre, he pecado contra Dios y contra ti. Ya no merezco ser llamado hijo tuyo. Trátame como a uno de tus asalariados.' Se levantó, pues, y se fue donde su padre.

Estaba aún lejos, cuando su padre lo vio y sintió compasión; corrió a echarse a su cuello y lo besó. Entonces el hijo le habló: 'Padre, he pecado contra Dios y ante ti. Ya no merezco ser llamado hijo tuyo.' Pero el padre dijo a sus servidores: '¡Rápido! Traigan el mejor vestido y pónganselo. Colóquenle un anillo en el dedo y traigan calzado para sus pies. Traigan el ternero gordo y mátenlo; comamos y hagamos fiesta, porque este hijo mío estaba muerto y ha vuelto a la vida; estaba perdido y lo hemos encontrado.' Y comenzaron la fiesta.

(Lucas 15, 11-24.)

52

Empaparse de la Palabra

Dos Minutos de Silencio

Reflexionar...

Fue algo absurdo, trágico y pecaminoso lo que hizo el hijo pródigo. Abandonó el ambiente apacible y afectuoso de la casa de su padre, dejándose llevar por el anhelo del placer y la libertad de hacer "lo que le diera la gana." No fue sino hasta cuando tocó fondo, cuidando cerdos (un animal sucio e "impuro" para los judíos) y deseando comer la comida que les daba, que cayó en cuenta de los hechos y se arrepintió profundamente de las malas decisiones que había tomado. Pensó que ya era muy tarde para ser recibido nuevamente como hijo, pero que tal vez su padre lo podría recibir como mozo de campo. Pero no había contado con la amorosa bondad de su padre y el festejo que le esperaba a su regreso.

Nuestra historia y nuestro destino no son muy diferentes. Todos iniciamos nuestras vidas en la casa amorosa del Padre al ser bautizados, y como el hijo pródigo despilfarramos nuestra herencia, sucumbiendo a malas inclinaciones y tomando decisiones que nos han alejado del Padre—decisiones pecaminosas.

Ojalá hayamos recibido la gracia de hacer lo que hizo el hijo pródigo en la parábola—arrepentirnos, confesarnos y pedir perdón por nuestros pecados. Jesucristo sabía que nosotros necesitábamos hacerlo, y cuando se les apareció a los Apóstoles después de su Resurrección sopló sobre ellos y les dijo: "Reciban el Espíritu Santo. A quienes perdonen los pecados les quedarán perdonados y a quienes se los retengan les serán retenidos" *(Juan 20:22-23)*. Así instituyó el misericordioso Sacramento de la Reconciliación.

Catecismo de la Iglesia Católica

1455 – La confesión de los pecados, incluso desde un punto de vista simplemente humano, nos libera y facilita nuestra reconciliación con los demás. Por la confesión, el hombre se enfrenta a los pecados de que se siente culpable; asume su responsabilidad, y, por ello, se abre de nuevo a Dios y a la comunión de la Iglesia con el fin de hacer posible un nuevo futuro.

1465 – Cuando celebra el sacramento de la Penitencia, el sacerdote ejerce el ministerio del Buen Pastor que busca la oveja perdida, el del buen Samaritano que cura las heridas, del Padre que espera al hijo pródigo, y lo acoge a su vuelta, del justo Juez que no hace acepción de personas y cuyo juicio es a la vez justo y misericordioso....

Jesús en la Vida de su Pueblo

Una "Hija Pródiga" de los Tiempos Modernos

Tiene ella la sonrisa y la hermosura de una modelo, pero Leah Darrow se autodenomina "el retrato de la hija prodiga."

Nació en 1979 en una pequeña granja de Norman, Oklahoma, siendo la mayor de seis hijos. Sus padres eran católicos devotos y Leah siguió su dirección hasta fines de la preparatoria y principios de la universidad cuando "no veía mi fe con claridad."

Dando una plática en 2010 en la Conferencia de Mujeres Católicas en Boston, comenta Lea, "hacía lo que me acomodaba y me fuera más fácil." Se incorporó a la cultura mundana y egoísta que la rodeaba y dice que durante ese tiempo, "la pureza, la modestia y la castidad eran principios que poco ponía en práctica."

Una noche, poco después de graduarse de la universidad, Leah se estaba preparando para salir con sus amigas cuando le llamó la atención un programa de televisión— "America's Next Top Model" (La Próxima Modelo Numero Uno de E.E.U.U.). Decidió entrar al concurso, logró ser entrevistada en la tercera temporada del programa y llegó hasta el número 14 de las finalistas antes de ser eliminada.

Su desilusión de ser eliminada sólo logró aumentar su determinación. Pensó para sí, "Seguiré persiguiendo este sueño." Se cambió a la ciudad de Nueva York y poco a poco fue obteniendo éxito como modelo, al grado que ya ganaba miles de dólares por una tarde de modelaje, pero también iba en aumento la atracción a la obscuridad que conduce a mucho del mundo de la moda.

Entonces recibió una llamada de una revista internacional de modas. Le dijeron que querían darle una mejor oportunidad para que mostrara su lado sensual y seductivo. Recuerda haber pensado, "¡Claro que sí!"

Se fue al estudio; le arreglaron el peinado y maquillaje, y luego vio que le traían un estante repleto de ropa cortísima y exageradamente escotada. Empezó a sentirse avergonzada y temerosa, pero decidió que no podía demostrarlo. Se puso la ropa y el fotógrafo tomo foto tras foto. Pensándolo en retrospecto dice que una madre viendo esas fotos con su hija en la revista donde se publicaron, podría decir: "¿Ves a esa chica? No vayas a ser como ella."

Después de la toma de muchas fotos, pasó algo inesperado. "De pronto sentí que me había muerto y que me encontraba frente a Dios con mis manos extendidas hacia Él. Le estaba dando todo lo que Él me había dado, pero mis manos estaban vacías porque había desperdiciado todos mis talentos en mi persona. Había estado viviendo toda la década pasada para Leah Darrow. Él me había dado todo con un propósito, pero se había convertido en talento desperdiciado. Me petrifiqué; me avergoncé. Sabía que no podía estar allí parada sin nada que ofrecer a Cristo, cuando Él nos había dado toda su vida."

Se puede ver en una de las fotos de ese momento que mi piel palideció completamente. El fotógrafo me preguntaba, "¿Leah, estas bien?"

"Solo respondí, 'ya no puedo hacer esto más.' Me volví a vestir y me salí. Recuerdo haber caminado por las calles de Nueva York llorando, el maquillaje escurriendo por mi cara y pensando, '¿Qué es lo que estoy haciendo con mi vida? Soy tan infeliz. Todas las cosas que quería las obtuve – mis fotos en las revistas, $16,000 dólares por una tarde de trabajo – pero no soy feliz.'"

Leah regresó a su departamento y llamó a su padre. Le dijo, "Si no vienes por mi voy a perder mi alma."

Su padre rápidamente tomó su carro y se dirigió directamente a Nueva York. Leah estaba deprimida por haber defraudado los buenos deseos de su padre y sentía miedo verlo, temiendo su reacción; pero cuando finalmente tocó a la puerta de su departamento y Leah le abrió, él le dirigió una gran sonrisa y exclamó, "¡Qué gusto de verte! Vamos al Parque Central; vamos a comprar un hot dog, pero primero…vamos a confesarnos."

Leah se confesó con un magnifico sacerdote, quien la ayudo a sobreponerse a sus temores iniciales y a desalojarse de todo "lo que venía cargando por años. Las gracias que recibimos de la confesión son increíbles."

Escribió en su diario, "Satanás se ha divertido conmigo demasiado tiempo. He sido cegada por la ignorancia y corrompida por la vanidad y el orgullo. Retiro de Satanás lo que es Tuyo y me doy toda a Ti... Dios mío, vuelve a hacerme nueva en Ti."

Hoy en día, Leah trabaja en "Pure Fashion" (Pura Moda), un programa internacional que anima a jóvenes adolescentes a vivir, actuar y vestir con la dignidad de hijas de Dios. También viaja por todo el mundo alentando a los demás, contándoles la manera en que Dios ha cambiado su vida.

Según Leah, "la mejor parte de mi historia no es que llegué a tomar parte en la competencia para la mejor modelo del país, ni que tuve éxito como modelo en Nueva York. La mejor parte es que Jesucristo cambió mi vida, sacándome de un muy mal sitio, dándome una nueva oportunidad. Esto es la mejor parte de mi historia."

Juan Pablo II

El hombre—todo hombre—es este hijo pródigo: hechizado por la tentación de separarse del Padre para vivir independientemente la propia existencia; caído en la tentación; desilusionado por el vacío que, como espejismo, lo había fascinado; solo, deshonrado, explotado mientras buscaba construirse un mundo todo para sí; atormentado incluso desde el fondo de la propia miseria por el deseo de volver a la comunión con el Padre. Como el padre de la parábola, Dios anhela el regreso del hijo, lo abraza a su llegada y adereza la mesa para el banquete del nuevo encuentro, con el que se festeja la reconciliación.

Lo que más destaca en la parábola es la acogida festiva y amorosa del padre al hijo que regresa: signo de la misericordia de Dios, siempre dispuesto a perdonar. En una palabra: la reconciliación es principalmente un don del Padre celestial.

(Papa Juan Pablo II, *Reconciliación y Penitencia, 5*.)

Declive de la Percepción del Pecado

Le tomó a Leah Darrow mucho tiempo y muchos errores morales para reconocer la realidad del pecado en su vida. Esto es muy común hoy en día. Una pérdida del "sentido del pecado" ha llevado a muchos a descuidar el Sacramento de la Reconciliación.

Aún buenos Católicos que no faltan a Misa se confiesan solamente cuando están concientes de haber cometido un pecado grave, perdiendo de vista el gran número de gracias que otorga el Sacramento de Reconciliación, aun cuando tengamos solamente pecados veniales que confesar. El 15 de octubre de 2005, el Papa Benedicto XVI, tocó este punto en un simple diálogo que tuvo en la Plaza de San Pedro con niños que recientemente habían hecho su primera Comunión. Les dijo:

[E]s muy útil confesarse con cierta frecuencia. Es verdad que nuestros pecados son casi siempre los mismos, pero limpiamos nuestras casas, nuestras habitaciones, al menos una vez por semana, aunque la suciedad sea siempre la misma, para vivir en un lugar limpio, para recomenzar; de lo contrario, tal vez la suciedad no se vea, pero se acumula. Algo semejante vale también para el alma, para mí mismo; si no me confieso nunca, el alma se descuida y, al final, estoy siempre satisfecho de mí mismo y ya no

comprendo que debo esforzarme también por
ser mejor, que debo avanzar. Y esta limpieza del
alma, que Jesús nos da en el sacramento de la
Confesión, nos ayuda a tener una conciencia más
despierta, más abierta, y así también a madurar
espiritualmente y como persona humana. Resu-
miendo, dos cosas: sólo es necesario confesarse en
caso de pecado grave, pero es muy útil confesarse
regularmente para mantener la limpieza, la belleza del alma, y madurar poco a poco en la vida.

Preguntas para Discutir

1. El Papa Juan Pablo II escribió que la figura central de la parábola del hijo pródigo es el padre, por la inmensa misericordia y perdón que le demostró a su hijo arrepentido. ¿Qué tan conciente estás tú de la misericordia de Dios hacia ti? ¿Cuándo estás más conciente de ello? ¿Cuándo estás menos conciente?

2. Podríamos decir que el padre de la parábola demuestra la perfecta mezcla de "amor firme" y misericordiosa compasión. ¿Qué demuestra cada una de estas actitudes? ¿Cómo nos demuestra Dios esta combinación de "amor firme" y misericordiosa compasión cuando hemos pecado?

____

____

____

____

____

____

3. Cuando el hijo pródigo volvió arrepentido de su aventura egoísta, su padre lo recibió con amorosa clemencia y júbilo. ¿Cómo aumentaría nuestro amor hacia el prójimo y el deseo de estar dispuesto a dar de uno mismo, una experiencia como esta?

4. ¿Por qué creen que hoy en día las personas son negligentes con relación al Sacramento de la Reconciliación?

- ¿Creen ustedes darle suficiente importancia? Si no, tal vez ésta sería una buena oportunidad para tomar algunas resoluciones personales al respecto.

- ¿Qué podemos hacer para despertar un "sano" sentido del pecado?

- ¿Creen ustedes que mucha gente entendió el sencillo mensaje que citamos antes del Papa Benedicto XVI a los niños que habían hecho recientemente su primera Comunión?

5. En verdad, hay muchas lecciones que se pueden extraer del relato de la conversión de Leah Darrow. Identifiquen varias y cambien impresiones. ¿Dónde ven que sus errores se repitan en nuestra sociedad, de manera grande y pequeña (tal vez a veces en ti mismo)?

____

____

____

____

____

____

____

____

____

____

Oraciones de Intercesión del Grupo

De 8 a 10 minutos

Oración Final

Salmo 5l

Ten piedad de mí, oh Dios, en tu bondad,

por tu gran corazón, borra mi falta

Que mi alma quede limpia de malicia,

Purifícame de mi pecado.

Pues mi falta yo bien conozco

Y mi pecado está siempre ante mí;

Contra ti, contra ti sólo pequé,

Lo que es malo a tus ojos yo lo hice.

Por eso en tu sentencia Tú eres justo,

No hay reproche en el juicio de tus labios....

Rocíame con agua, y quedaré limpio;

lávame y quedaré más blanco que la nieve.

Haz que sienta otra vez júbilo y gozo

y que bailen los huesos que moliste.

Aparta tu semblante de mis faltas,

borra en mí todo rastro de malicia.

Crea en mí, oh Dios un corazón puro,

renueva en mi interior un firme espíritu.

(vv. 1-4, 7-10.)

Sesión 4

La Eucaristía: Fuente de Conversión

Jesús en las Escrituras

Encontrando a Jesús al Partir El Pan

Aquel mismo día dos discípulos se dirigían a un pueblecito llamado Emaús que está a unos doce kilómetros de Jerusalén, e iban conversando sobre todo lo que había ocurrido. Mientras conversaban y discutían, Jesús en persona se les acercó y se puso a caminar con ellos, pero algo impedía que sus ojos lo reconocieran.

El les dijo: « ¿De qué van discutiendo por el camino?» Se detuvieron y parecían muy desanimados. Uno de ellos llamado Cleofás, le contestó: « ¿Cómo? ¿Eres tú el único peregrino en Jerusalén que no está enterado de lo que ha pasado aquí estos días?» « ¿Qué pasó?», les preguntó. Le contestaron: «¡Todo El asunto de Jesús Nazareno!»

Era un profeta poderoso en obras y palabras, reconocido por Dios y por todo el pueblo. Pero nuestros sumos sacerdotes y nuestros jefes renegaron de él, lo hicieron condenar a muerte y clavar en la cruz.

Nosotros pensábamos que él sería el que debía libertar a Israel. Pero todo está hecho, y ya van dos días que sucedieron estas cosas.

En realidad, algunas mujeres de nuestro grupo nos han inquietado, pues fueron muy de mañana al sepulcro y, al no hallar su cuerpo, volvieron hablando de una aparición de ángeles que decían que estaba vivo. Algunos de los nuestros fueron al sepulcro y hallaron todo tal como habían dicho las mujeres, pero a él no lo vieron."

Entonces él les dijo: « ¡Qué poco entienden ustedes y qué lentos son sus corazones para creer todo lo que anunciaron los profetas! ¿No tenía que ser así y que el Mesías padeciera para entrar en su gloria?» Y les interpretó lo que se decía de él en todas las Escrituras, comenzando por Moisés y siguiendo por los profetas.

Al llegar cerca del pueblo al que iban, hizo como que quisiera seguir adelante, pero ellos le insistieron diciendo: «Quédate con nosotros, ya está cayendo la tarde y se termina el día.» Entró, pues, para quedarse con ellos.

Y mientras estaba en la mesa con ellos, tomó el pan, pronunció la bendición, lo partió y se los dio. En ese momento se les abrieron los ojos y lo reconocieron, pero él desapareció. Entonces se dijeron el uno al otro: « ¿No sentíamos arder nuestro corazón cuando nos hablaba en el camino y nos explicaba las escrituras?»

De inmediato se levantaron y volvieron a Jerusalén....

(Lucas 24, 13-33.)

Empaparse de la Palabra

Dos Minutos de Silencio

Reflexionar...

Algunos dirían que este relato, ciertamente conmovedor, no se trata realmente de una conversión—pero veámoslo nuevamente. Los discípulos, que se dirigían a Emaús, querían ponerle punto final al asunto. Se alejaban de Jerusalén, de la ciudad más santa del mundo, porque se sentían vencidos. Este hombre Jesús, quien habían esperado llevaría a Jerusalén a su antigua gloria, había sido condenado a la humillante muerte de un criminal, por lo que habían perdido toda la fe en él. Se sentían tan vacíos como las redes de Pedro antes de la gran pesca. Habían sucumbido a la desesperación.

¿Cuándo se convirtieron? ¿Cuándo «cambiaron»? Sucedió cuando reconocieron a Jesús al partir el pan, en la Eucaristía. En ese momento volvieron a la ciudad santa, volvieron con sus hermanos, volvieron a tener fe y esperanza en Cristo.

Juan Pablo II

«Quédate con nosotros, Señor, porque atardece y el día va de caída» *(cf. Lc 24,29)*. Ésta fue la invitación apremiante que, la tarde misma del día de la resurrección, los dos discípulos que se dirigían hacia Emaús hicieron al Caminante que a lo largo del trayecto se había unido a ellos. Abrumados por tristes pensamientos, no se imaginaban que aquel desconocido fuera precisamente su Maestro, ya resucitado. No obstante, habían experimentado cómo «ardía» su corazón *(cf. ibíd. 32)* mientras él les hablaba «explicando» las Escrituras. La luz de la Palabra ablandaba la dureza de su corazón y «se les abrieron los ojos» *(cf. ibíd. 31)*. Entre la penumbra del crepúsculo y el ánimo sombrío que les embargaba, aquel Caminante era un rayo de luz que despertaba la esperanza y abría su espíritu al deseo de la plena luz. «Quédate con nosotros», suplicaron, y Él aceptó. Poco después el rostro de Jesús desaparecería, pero el Maestro se había quedado veladamente en el «pan partido», ante el cual se habían abierto sus ojos.

(Carta Apostólica para el Año de la Eucaristía, *Quédate con Nosotros, Señor*, 1.)

Jesús en la Vida de Su Pueblo

Recuperación de la Fe en el Cuerpo y la Sangre

El milagro de Lanciano fue el primero, y tal vez el mayor Milagro Eucarístico de la Iglesia Católica. Ocurrió en el siglo octavo en la población de Lanciano, en ese entonces conocida como Anxanum, una antigua ciudad al sureste de Roma. Allí habían establecido un monasterio los monjes de San Basilio.

Un día uno de los monjes celebraba Misa. No conocemos su identidad, pero un antiguo documento lo describe como una persona "conocedora de las ciencias del mundo, pero ignorante de las cosas de Dios." Aparentemente se había venido sintiendo embargado por la duda de si el pan y el vino realmente se convertían en el Cuerpo y la Sangre del Señor al pronunciar las palabras de consagración.

Esta vez, cuando el monje pronunció las palabras de consagración, la hostia se convirtió milagrosamente y visiblemente en carne, y el vino en sangre ante sus ojos. Quedó anonadado. Llorando de júbilo, pidió a la congregación que se reuniera alrededor del altar y está escrito que dijo, «¡O testigos afortunados a quienes Dios santísimo, para confrontar mi incredulidad, quiso hacerse visible ante nuestros ojos! Vengan, hermanos a maravillarse ante nuestro Dios, tan cerca de nosotros. Mirad la carne y la sangre de nuestro Cristo amado.»

Los que presenciaron el milagro rápidamente desparramaron la noticia por toda el área circunvecina. El Arzobispo ordenó una investigación, el testimonio de los testigos fue registrado y las autoridades eclesiásticas certificaron el milagro. Hoy en día, la carne está expuesta en una custodia (como la que se usa para exponer la Eucaristía), y los glóbulos de sangre están en un cáliz de cristal que algunos creen es el mismo cáliz que usó el monje para la Misa.

En 1970 el Papa Pablo VI permitió un riguroso análisis científico del milagro por el Dr. Odoardo Linoli, profesor de Anatomía, Histología Patológica, Química y Microscopía Clínica. Los estudios hechos de los fragmentos de sangre y de carne mostraron los siguientes resultados:

- La sangre es verdadera sangre humana y la carne es verdadera carne humana.

- La carne consiste en una rebanada delgada del tejido muscular del miocardio (tejido del corazón).

- El tipo sanguíneo de la sangre es idéntico en la sangre y en la carne, tipo AB (es interesante notar que es el mismo tipo sanguíneo del que se encuentra en el Manto de Turín).

- La conservación de la carne y de la sangre que fueron dejadas en su forma natural durante doce siglos y expuestas a la acción de agentes atmosféricos y biológicos, sigue siendo un fenómeno inexplicable.

Reflexionar...

Como los discípulos en el Camino a Emaús, que habían perdido su fe en Jesús, la fe del sacerdote Basileno de Lanciano se encontraba débil y abatida. Entonces Jesús se le apareció milagrosamente al partir el pan, lo cual restauró su fe. Podríamos fácilmente aplicarle las palabras que Jesús dirigió a «Tomás el Incrédulo» cuando se apareció en el cenáculo después de la Resurrección: «¿Crees porque me has visto? Benditos son los que no han visto pero creen.» *(Juan 20, 29.)*

«Justo porque la Eucaristía es el don más precioso, en torno a la Eucaristía suceden muchos milagros por misericordia de Dios. La Eucaristía es la presencia de Cristo Salvador. Me sorprendería si no surgieran milagros. Los más grandes milagros son los de la conversión, el cambio del corazón, la curación de la desesperación. Grandes milagros se producen en personas que tienen contacto con la Eucaristía....

Tenía razón Blaise Pascal, cuando decía: ‹En el mundo hay luz suficiente para quien quiere creer, pero hay sombra suficiente para quien no quiere creer›. La responsabilidad está en no querer ver, porque la Eucaristía está plena de luz y si se quiere ver, si se quieren abrir los ojos y aceptar la luz, uno no puede evitar caer de rodillas y dar gracias a Dios.»

Monseñor Angelo Comastri, Vicario del Papa para el Estado de la Ciudad del Vaticano, en la clausura del Sínodo de Obispos sobre la Eucaristía (*Zenit,* 20 de Octubre, 2005).

Catecismo de la Iglesia Católica

1394 – Como el alimento corporal sirve para restaurar la pérdida de fuerzas, la Eucaristía fortalece la caridad que, en la vida cotidiana, tiende a debilitarse; y esta caridad vivificada *borra los pecados veniales.*[3] Dándose a nosotros, Cristo reaviva nuestro amor y nos hace capaces de romper los lazos desordenados con las criaturas y de arraigarnos en El.

1436 – La conversión y la penitencia diarias encuentran su fuente y su alimento en la Eucaristía, pues en ella se hace presente el sacrificio de Cristo que nos reconcilió con Dios.... «es el antídoto que nos libera de nuestras faltas cotidianas y nos preserva de pecados mortales.»[4]

---

[3]Cf. Concilio de Trento: DS, 1638.
[4]Concilio de Trento: DS, 1638.

Preguntas para Discutir

1. Leer **Juan 6, 35-69** (el discurso del «Pan de Vida»).

    - ¿Por qué muchos de los discípulos de Jesús se retiraron de él después de este discurso? Traten de ponerse en el lugar de ellos y escuchen a Jesús.

    - ¿Qué perspectiva podemos aportar a esta enseñanza de Jesús respecto a comer su cuerpo y beber su sangre que ellos no tenían?

2. Probablemente la mayoría de católicos han tenido momentos en que su fe en el gran misterio de la Presencia Real de Jesús en la Eucaristía se ha puesto en duda. Por eso, cuando muchos de sus discípulos se retiraron de él después del discurso del Pan de Vida, Jesús mismo los puso a prueba, preguntándoles, ¿Quieren marcharse también ustedes? *(Juan 6, 67.)*

- ¿Qué respondió Pedro?

- ¿Qué te ha ayudado a ti para sostenerte en la convicción de la Presencia Real de Jesús "al partir el pan?"

3. En la Eucaristía Jesús se da completamente a nosotros y nos pide que demos de nosotros mismos. Uno de los frutos anticipados de esta experiencia de compartir la fe es el servicio a los demás. Tomen algo de tiempo para que, con humildad, compartan modos específicos en que miembros de su grupo, individualmente o en conjunto, se han esforzado por poner esto en práctica.

4. Ha habido un gran aumento en nuestros días respecto a la adoración Eucarística. Parece ser un fenómeno popular, viniendo de la gente que lo pide a sus párrocos.

    •   Recordando nuestra definición de conversión —cómo alejarnos del pecado y volvernos hacia Dios—este anhelo por la Eucaristía, ¿es un fruto de la conversión o un motivo de conversión, o ambos?

    •   Además de las funciones misteriosas de la gracia, ¿cómo se explican este anhelo repentino por la Eucaristía en medio de nuestra sociedad tan secular?

    •   ¿Has pasado algo de tiempo en adoración ante la Eucaristía? Si lo has hecho, ¿qué ha significado para ti?

____

____

____

____

____

____

Oraciones de Intercesión del grupo

De 8 a 10 minutos

Oración Final

¡Quédate con nosotros, Señor!

Como los dos discípulos del Evangelio, te imploramos, Señor Jesús, ¡quédate con nosotros!

Tú, divino Caminante, experto de nuestras calzadas y conocedor de nuestro corazón, no nos dejes prisioneros de las sombras de la noche.

Ampáranos en el cansancio, perdona nuestros pecados, orienta nuestros pasos por la vía del bien....

En la Eucaristía te has hecho «remedio de inmortalidad»: danos el gusto de una vida plena, que nos ayude a caminar sobre esta tierra como peregrinos seguros y alegres, mirando siempre hacia la meta de la vida sin fin.

¡Quédate con nosotros, Señor! ¡Quédate con nosotros!

Amén.

(Papa Juan Pablo II, Misa de Inicio del Año de la Eucaristía, 17 de octubre, 2004.)

Sesión 5

Santidad:
Perfección de la Caridad

Jesús en las Escrituras

El Camino al Cielo

Al ver toda aquella muchedumbre, Jesús subió a la montaña y cuando se sentó se reunieron sus apóstoles a su alrededor y comenzó a hablar, diciéndoles:

«Felices los que tienen el espíritu del pobre, porque de ellos es el Reino de los Cielos.

Felices los que lloran, porque recibirán consuelo.

Felices los pacientes, porque recibirán la tierra en herencia.

Felices los que tienen hambre y sed de justicia, porque serán saciados.

Felices los compasivos, porque obtendrán misericordia.

Felices los de corazón limpio, porque verán a Dios.

Felices los que trabajan por la paz, porque serán reconocidos como hijos de Dios.

Felices los que son perseguidos por causa del bien, porque de ellos es el Reino de los Cielos.

Felices ustedes, cuando por causa mía los insulten, los persigan y les levanten toda clase de calumnias. Alégrense y muéstrense contentos, porque será grande la recompensa que recibirán en el cielo. Pues bien saben que así persiguieron a los profetas que vinieron antes de ustedes.

Ustedes son la sal de la tierra. Pero si la sal deja de ser sal, ¿cómo podrá ser salada de nuevo? Ya no sirve para nada, por lo que se tira afuera y es pisoteada por la gente.

Ustedes son la luz del mundo: ¿Cómo se puede esconder una ciudad asentada sobre un monte? Nadie enciende una lámpara para taparla con un cajón; la ponen más bien sobre un candelero, y alumbran a todos los que están en la casa. Hagan, pues, que brille su luz ante los hombres; que vean estas buenas obras, y por ello den gloria al Padre de ustedes que está en los Cielos.»

(Mateo 5:1-16.)

Empaparse de la Palabra

Dos Minutos de Silencio

Catecismo de la Iglesia Católica

1717 – Las bienaventuranzas dibujan el rostro de Jesucristo y describen su caridad; expresan la vocación de los fieles asociados a la gloria de su Pasión y de su Resurrección; iluminan las acciones y las actitudes características de la vida cristiana; son promesas paradójicas que sostienen la esperanza en las tribulaciones....

2013 – «Todos los fieles, de cualquier estado o régimen de vida, son llamados a la plenitud de la vida cristiana y a la perfección de la caridad....»[5]

---

[5]*Lumen Gentium,* 40 § 2.

Juan Pablo II

Todas las Bienaventuranzas del Sermón de la Montaña muestran el camino de la conversión y reforma de la vida (*La Misericordia de Dios,* 14). Las Bienaventuranzas no son necesariamente reglas de comportamiento, sino se refieren a actitudes y disposiciones básicas de la vida. Por lo tanto, no son iguales a los mandamientos sino los complementan. En otras palabras, no hay conflicto u oposición entre las Bienaventuranzas y los mandamientos. Ambos se refieren al bien; a la vida eterna.

(*El Esplendor de la Verdad,* 16.)

Reflexionar...

El desarrollo en Santidad es una etapa más en el proceso de la conversión, «volviendo» nuestras vidas completamente hacia Cristo. Los grandes santos continúan en esta etapa de conversión durante toda su vida, aun después de haber conquistado las primeras etapas de conversión—y ya habiendo logrado eliminar el pecado obvio. El crecimiento de la santidad no se trata necesariamente de llevar a cabo grandes actos de heroísmo, pero de aceptar los retos más comunes de la vida cotidiana en el espíritu de Cristo y de las Bienaventuranzas.

Jesús en la Vida de su Pueblo

Santa Thérèse de Lisieux—Tribulaciones Diarias de la Santidad

Tal vez algunas personas piensen que la vida en un convento es todo paz y flores, pero St. Thérèse de Lisieux, la famosa Santa Teresita, se encontró con muchas tribulaciones que la llevaron a una conversión más profunda y a crecer en santidad. Estas eran el tipo de sucesos que tienden a molestarnos cuando convivimos con otras personas en familia o en comunidad. Lo extraordinario es la manera en que Teresita respondía cuando las cosas podían realmente perturbarla. Afortunadamente nos dejó su autobiografía, *La Historia de un Alma,* en la que relata algunas de estas situaciones.

Un día, Teresita estaba lavando pañuelos en un lavadero con un grupo de las hermanas del convento. Una de ellas salpicaba agua caliente y sucia repetidamente en la cara de Teresita. Desde su niñez Teresita se había esforzado por controlar su temperamento impaciente, y en este caso temía que explotara. Con gracia y buen humor lograba resistir el impulso de hacerlo, optando por «aceptar con gusto y buen humor el baño de agua sucia» como un «nuevo tipo de aspersión» y de «regresar con frecuencia a ese feliz lugar donde esos tesoros eran otorgados tan libremente». (*La Historia de un Alma,* Capitulo X.)

También estaba la hermana St. Pierre, una monja de edad avanzada con modos medio excéntricos, y cuyos achaques le impedían ponerse al corriente con las actividades del monasterio. Con mucha compasión, Teresita a menudo la tomaba del brazo para ayudarla a caminar por los pasillos. «Vas demasiado deprisa,» se quejaba la hermana hasta que Teresita disminuía su paso. Esto se prestaba para una nueva protesta: «Apúrate... no te siento... ¡me estás soltando!» Y para culminar sus quejas decía: «Tenía yo razón cuando dije que eras demasiado joven para cuidarme». Sin duda que esas palabras ingratas y duras lastimaban a Teresita, pero ella sólo sonreía sin decir palabra.

Otra de las monjas hacía ruidos molestos al oído cuando las hermanas rezaban en la capilla. Teresita no explica exactamente qué era pero se cree que la monjita jugueteaba constantemente con su rosario haciendo un ruido desagradable y continuo. Este resonaba en los oídos de Teresita, provocándole un sudor intenso, pero no lograba ignorar el ruido. Por fin, «en lugar de no oír el ruido, lo cual era imposible, opté por escucharlo como si fuera una bella música, y mi meditación, en lugar de ser 'oración en silencio', pasaba a ser un ofrecimiento a nuestro Señor de esta música» *(ibíd.)*.

Teresita respondía de la siguiente manera a sus tribulaciones diarias como las anteriores: «Señor mío: Tú

nunca nos pides que hagamos lo imposible, sin embargo puedes ver con mayor claridad lo débil e imperfecta que soy yo. No obstante, si Tú me pides que yo ame a mis hermanas como Tú las amas, eso sin duda quiere decir que Tú Mismo sigues amándolas en mí y a través de mí. Tú sabes que no sería posible de ninguna otra manera....»
(*La Historia de un Alma,* Capítulo IX.)

San Francisco de Asís—Heroica Santidad

Por su carácter ordinario y sencillo, las anécdotas de Santa Teresita son alentadoras, pues nos recuerdan que la santidad se encuentra principalmente en enfrentar los eventos cotidianos con el amor de Cristo en nuestros corazones. Ocasionalmente, podemos enfrentarnos con circunstancias que requieren un grado mayor de heroísmo. El siguiente pasaje tomado de una biografía de San Francisco de Asís, ilustra este punto:

Como en otras ciudades, había en Asís un hospital de leprosos.... En sus caminatas, Francisco ocasionalmente pasaba por el hospital, pero sólo divisarlo lo llenaba de horror. Ni siquiera daba limosna a un leproso, a menos que pudiera mandarla con otra persona. Especialmente cuando el viento soplaba del hospital y el tenue pero repugnante olor de la lepra le llegaba, se apresuraba a alejarse, volteando su cara hacia dirección opuesta y cubriendo su nariz con sus manos. **(Jorgensen, Johannes, Saint Francis of Assisi, Doubleday Image, 1939, p.38.)**

Pero un día Francisco montaba su caballo cuando divisó a lo lejos un leproso en el camino.

Francisco detuvo su caballo repentinamente, y su primer impulso fue el de huir lo más pronto posible....

Pero con una gran victoria sobre sí mismo, Francisco saltó de su caballo, se acercó al leproso de quien emanaba un horrible olor pútrido, colocó la limosna en su mano carcomida—se agachó y besó los dedos del leproso cubiertos de su terrible enfermedad, sintiendo nausea al hacerlo.... Cuando ya se encontró Francisco sobre su caballo, casi no podía explicarse lo que había hecho. Se sentía embargado de emoción.... Dulzura, alegría y gozo llenaban su alma.... **(Jorgenson, p.39.)**

Preguntas para Discutir

1. En su carta *Al Empezar el Nuevo Milenio,* el Papa
    Juan Pablo II pidió a los creyentes que «contempla-
    ran la faz de Cristo.» Dijo que un enfoque intenso a
    programas y actividades religiosas sería infructuoso,
    si no diéramos prioridad a dicha contemplación. ¿Qué
    piensas de este mensaje del Santo Padre? ¿Cómo lo ex-
    plicarías a alguna persona que te pidiera ayuda para
    entenderlo?

2. En su primera encíclica, *Deus Caritas Est* (Dios es
    Amor), el Papa Benedicto XVI escribió, «El amor a
    Dios y el amor al prójimo se han hecho uno: en el
    prójimo más insignificante encontramos a Jesús, y en
    Jesús encontramos a Dios» (n.15). No obstante, en la
    anécdota de San Francisco vimos lo difícil que fue, aun
    para este hombre bueno y santo abrazar a Cristo en
    un leproso.

    *   ¿Qué es lo que hace tan difícil reconocer y abrazar
        a Cristo en los demás?

    *   ¿Qué debemos hacer para superar esa dificultad?

3. Lean los Diez Mandamientos *(Éxodo 20, 1-17)*. Luego lean las Bienaventuranzas que inician esta sesión *(Mateo 5,1-16)*. Ambos tratan de la conversión, dejar el pecado y volverse hacia Dios. ¿Qué los hace diferentes, empezando por la manera en que están formulados?

____

____

____

____

____

4. «Santidad» es una palabra que en realidad afecta a mucha gente adversamente. Les parece algo aburrido y desconectado de la «vida real»: como harpas, nubes, himnos y alas de ángeles.

    • ¿Por qué creen que sea así?

    • ¿Qué dirían ustedes es un significado correcto y atractivo de santidad?

    • ¿Quiénes dirían ustedes que han sido buenos ejemplos de esta cualidad?

5. Jesús nos dice que somos «la sal de la tierra» y «la luz del mundo.» ¿Qué finalidades tienen la sal y la luz, y qué es lo que nos dicen de nuestra misión?

____

____

____

____

____

____

____

Oraciones de Intercesión del Grupo

De 8 a 10 minutos

Oración Final

Radiar a Cristo

Amado Jesús, ayúdame a esparcir tu fragancia en todo sitio al que yo vaya.

Inunda mi alma con Tu vida y espíritu.

Penetra y posee todo mi ser de tal manera que mi vida sea sólo un fulgor de la Tuya.

Brilla a través de mi persona para que cada alma que encuentre en mi camino sienta Tu presencia en mi alma.

Que los presentes no me vean a mí, solamente a Jesús.

Quédate conmigo y yo empezaré a brillar como Tú, para poder ser luz para los demás.

Toda la luz, O Jesús, vendrá de Ti.

No será mía.

Brillará en los demás a través de mi persona.

Permíteme alabarte de la manera que más te complace,
    brillando ante los que me rodean.

Permíteme hablar de Ti sin predicar,
    no con palabras, sino con mi ejemplo;
    con fuerza atractiva,
    la influencia compasiva,
    de lo que hago,
    la evidencia del gran amor
    que mi corazón siente por Ti.

Amen.

(Versión de una oración del Cardenal John Henry Newman,
que rezan diariamente las Misioneras de la Caridad de la Madre Teresa.)

Sesión 6

Redención: Por Sus Llagas Hemos Sido Sanados

Jesús en las Escrituras

El Profeta Isaías y nuestra Salvación Predicha

¿Quién podrá creer la noticia que recibimos? Y la obra mayor de Yavé, ¿a quién se la reveló? Este [su siervo] ha crecido ante Dios como un retoño, como raíz en tierra seca. No tenía brillo ni belleza para que nos fijáramos en él, y su apariencia no era como para cautivarnos. Despreciado por los hombres y marginado, hombre de dolores y familiarizado con el sufrimiento, semejante a aquellos a los que se les vuelve la cara, no contaba para nada y no hemos hecho caso de él.

Sin embargo, eran nuestras dolencias las que él llevaba, eran nuestros dolores los que le pesaban. Nosotros lo creíamos azotado por Dios, castigado y humillado, y eran nuestras faltas por las que era destruido, nuestros pecados, por los que era aplastado. El soportó el castigo que nos trae la paz y por sus llagas hemos sido sanados. Todos andábamos como ovejas errantes, cada cual seguía su propio camino, y Yavé descargó sobre él la culpa de todos nosotros.

Fue maltratado y él se humilló y no dijo nada, fue llevado cual cordero al matadero, como una oveja que permanece muda cuando la esquilan. Fue detenido, enjuiciado y eliminado ¿y quién ha pensado en su suerte? Pues ha sido arrancado del mundo de los vivos y herido de muerte por los crímenes de su pueblo. Fue sepultado junto a los malhechores y su tumba quedó junto a los ricos, a pesar de que nunca cometió una violencia ni nunca salió una mentira de su boca.

Quiso Yavé destrozarlo con padecimientos, y él ofreció su vida como sacrificio por el pecado. Por esto verá a sus descendientes y tendrá larga vida, y el proyecto de Dios prosperará en sus manos. Después de las amarguras que haya padecido su alma, gozará del pleno conocimiento.

Como Yo Los He Amado

El Justo, mi servidor, hará una multitud de justos, después de cargar con sus deudas. Por eso, le daré en herencia muchedumbres y lo contaré entre los grandes, porque se ha negado a sí mismo hasta la muerte y ha sido contado entre los pecadores, cuando llevaba sobre sí los pecados de muchos e intercedía por los pecadores.
(Isaías 53:1-12.)

La Llegada del Cordero

Al día siguiente Juan [Bautista] vio a Jesús que venía a su encuentro y exclamó: "Ahí viene el Cordero de Dios, el que carga con el pecado del mundo." **(Juan 1:29.)**

La Maldición de Adán Anulada

…Por eso, desde Adán hasta Moisés, la muerte tuvo poder, incluso sobre aquellos que no desobedecían abiertamente como en el caso de Adán…pero el don de Dios no tiene comparación. Todos mueren por la falta de uno solo, pero la gracia de Dios se multiplica más todavía cuando este don gratuito pasa de un solo hombre, Jesucristo, a toda una muchedumbre…. Y así como la desobediencia de uno solo hizo pecadores a muchos, así también por la obediencia de uno solo una multitud accede a la verdadera rectitud. **(Rom 5:14-15, 19.)**

La Redención Proclamada

"Sepa entonces con seguridad toda la gente de Israel, que Dios ha hecho Señor y Cristo a este Jesús a quien ustedes crucificaron." Al oír esto se afligieron profundamente y dijeron a Pedro y a los demás apóstoles: "¿Qué tenemos que hacer, hermanos?" Pedro les contestó: "Arrepiéntanse, y que cada uno de ustedes se haga bautizar en el Nombre de Jesús, el Mesías, para que sus pecados sean perdonados. Entonces recibirán el don del Espíritu Santo. **(Hechos 2:36-38.)**

Empaparse de la Palabra

Dos Minutos de Silencio

Reflexionar...

Redimir significa "recuperar." Jesús nos rescató de la esclavitud del pecado, una esclavitud a la que había caído la humanidad debido al pecado original de nuestros primeros padres. Pagó nuestra deuda de pecado con un gran costo a sí mismo, con su amoroso sacrificio en la Cruz. Pagó por nosotros con la moneda de amor—"No hay amor más grande que dar la vida por sus amigos" *(Juan 15:13)*.

Ese amor, ese "capital," se ha depositado por cada uno de nosotros, y es el Bautismo que dispone de esa cuenta; que extrae de la Redención que Cristo ganó por nosotros. Es mediante el Bautismo que somos recuperados personalmente por la gracia y amor de Cristo e invitados a vivir en ese amor.

El poder redentor del sacrificio de amor se ve primeramente en Cristo, pero también en aquellos que unen su sacrificio amoroso al de El, como veremos en la ilustración siguiente....

Jesús en la Vida de Su Pueblo

El Misterio del Amor Redentor en el Sufrimiento

En su libro *A Severe Mercy, (Misericordia Severa)* el autor Sheldon Vanauken habla de una historia de amor y conversión. El y su querida esposa Davy, una pareja brillante, aventurera, e incrédula, conocen al escritor cristiano C.S. Lewis y eventualmente se convierten al cristianismo. Pero la conversión de Davy fue más profunda que la de Sheldon, quien soñaba navegar, mar abierto, con Davy como lo habían hecho antes de conocer a Cristo. Escribe:

> Pero, aunque no lo hubiera admitido, aun a mí mismo, no quería que Dios fuera abordo. Era demasiado pesado. Quería que El nos diera su aprobación desde una distancia considerable. No quería estar pensando en El. Quería sentirme libre…. Quería la vida misma, el color, el fuego y la hermosura de la vida. Y Cristo de vez en cuando, como un poema que podía leer cuando tuviera ganas. No quería ser devorado por Dios. Quería vacaciones de la escuela de Cristo…. Pero para Davy, vivir era Cristo….

> Y una noche Davy, habiendo contemplado santidad, dijo que se sentía inquieta y que dormiría en el cuarto de visitas. Pero no durmió, rezó. Toda la noche, como los santos, luchó en oración. Algunos

dicen que la oración, aun la oración por lo que Dios quiere, descarga poder por la operación de una profunda ley espiritual; y ofreciendo lo que uno más ama, descarga aun más. Como fuera, esa noche Davy ofreció su vida. Por mí—para que mi alma fuera realizada...."

(Vanauken, Sheldon, *A Severe Mercy,* Harper & Row, 1977, pp.134-135, 145.)

Y sucedió que Davy contrajo una seria enfermedad que la llevó a la muerte, y Sheldon se acercó más a Cristo (algún tiempo después se hizo Católico). ¿Unió Dios el sacrificio de Davy al de su propio Hijo para lograr que Sheldon tuviera una conversión más profunda? Tal vez, pues consideremos lo que San Pablo escribió en su primera carta a los Colosenses: "Ahora me alegro cuando tengo que sufrir por ustedes, pues así completo en mi carne lo que falta a los sufrimientos de Cristo para bien de su cuerpo, que es la Iglesia." *(1:24)*.

El Papa Juan Pablo II comentó respecto a este pasaje misterioso en su carta *Sobre el Significado Cristiano del Sufrimiento Humano.* Allí explica que esto no quiere decir literalmente que los sufrimientos de Cristo por nuestra redención fueron inadecuados. No, pero Cristo ha querido—libremente y sin necesitarlo—dejarnos a nosotros que participemos en su sacrificio redentor uniendo nuestros sacrificios a los suyos, en todo tiempo y lugar. Esto no

quiere decir que debemos buscar el sufrimiento (el sufrimiento personal de Davy fue excepcional, no la norma),
pero cuando se presente la ocasión, podemos concientemente pedir a Cristo que nos permita unirnos a su sacrificio para nuestro propio bien y el bien de los demás. Qué
fuente tan poderosa de intención y esperanza, especialmente cuando la enfermedad, edad avanzada o alguna
otra condición debilitante ocasionan a que las personas se
sientan inútiles o abrumadas.

Nuestra Necesidad de una Conversión Continua

Desgraciadamente, aun después de haber recibido la
gracia redentora de Cristo en el Bautismo, el mundo del
pecado trata de seducirnos a que regresemos a su esclavitud nuevamente. Como Sheldon Vanauken, conocemos ese
estirón hacia atrás, ese jalón. Porque aun cuando el Bautismo nos limpia del pecado, los efectos del pecado original
permanecen en nuestra naturaleza caída: debilidad en
nuestra mente y voluntad, además de deseos desordenados. Estos no son pecaminosos en sí, pero nos inclinan al
pecado, y por ello experimentamos tendencias al egoísmo,
al orgullo, a los celos, lujuria, venganza, etc. Esta lucha es
capturada por San Pablo en su Carta a Los Romanos:

> De hecho no hago el bien que quiero, sino el
> mal que no quiero…. Ahí me encuentro con una
> ley: cuando quiero hacer el bien, el mal se me

adelanta. En mí el hombre interior se siente muy adecuado con la Ley de Dios, pero advierto en mis miembros otra ley que lucha contra la ley de mi espíritu, y paso a ser esclavo de esa ley del pecado que está en mis miembros. ¡Infeliz de mí! ¿Quién me librará de este cuerpo, o de esta muerte? ¡Gracias sean dadas a Dios por Jesucristo, nuestro Señor!

(Rom 7:19, 21-25.)

Catecismo de la Iglesia Católica

1426 - La *conversión* a Cristo, el nuevo nacimiento por el Bautismo, el don del Espíritu Santo, el Cuerpo y la Sangre de Cristo recibidos como alimento nos han hecho "santos e inmaculados ante él...."[6] Sin embargo, la vida nueva recibida en la iniciación cristiana no suprimió la fragilidad y la debilidad de la naturaleza humana...que permanece en los bautizados a fin de que sirva de prueba en ellos el combate de la vida cristiana ayudados por la gracia de Dios.[7]

---

[6]Ef. 1:4; 5:27.
[7]Cf. Concilio de Trento (1546): DS 1515.

Preguntas para Discutir

1. Probablemente la mayoría de nosotros podemos comprender lo que Sheldon Vanaulken sentía con relación a Cristo—estar con El "a ratos, como con un lindo poema" que podía leer cuando deseaba, "queriendo tomar vacaciones de la escuela de Cristo."

    - ¿Por qué somos así? ¿Por qué nos resistimos a ser "ingeridos completamente en Dios"?
    - ¿Qué es el antídoto para este modo de pensar?

2. Sheldon Vanauken estaba intensamente consciente
    de que su esposa Davy había literalmente ofrecido su
    vida por él. ¿Qué tan consciente estás tú de que Jesús
    ofreció su vida por ti personalmente (no sólo por la
    humanidad de manera en general)?

____

____

____

____

3. Hay una opinión teológica aceptable que dice que
    Jesús pudo habernos redimido, derramando una sola
    gota de su preciosa sangre (o algún otro acto de sa-
    crificio amoroso), pero que escogió el extremo de una
    muerte humillante y agonizante por amor a nosotros.
    Si esta opinión es válida, ¿cuál sería la razón de haber
    escogido un camino tan extremadamente doloroso?

____

____

____

____

4. Comenten tanto sobre la alegría y los retos del aspecto de servicio en esta experiencia de compartir la fe. ¿Cómo ha impactado tu vida esta manera de vivir la fe?

5. Cuando los paganos presenciaron el ejemplo de los primeros cristianos, comentaban impresionados, "Vean como se aman unos a otros." Después de esta experiencia de fe compartida y oración que inspira al servicio, ¿pueden imaginarse a grupos pequeños como éste ayudando a efectuar una renovación significativa en parroquias y aun en diócesis enteras? Comenten.

____

____

____

____

____

Oraciones de Intercesión del Grupo

De 8 a 10 minutos

Oración Final

Señor Jesucristo, rey eterno,
Dios y hombre, crucificado por la humanidad,
mírame con misericordia y escucha mi oración,
pues confío en ti.

Ten misericordia de mí, lleno de pesar y pecado,
pues la profundidad de tu compasión no tiene fondo.
Te alabamos, sacrificio de salvación.
Ofrecido en la madera de la cruz por mí
y por toda la humanidad.

Alabamos la noble y preciosa sangre

que brota de las heridas de mi Señor Jesucristo

   crucificado

y lava los pecados de todo el mundo.

Recuerda, Señor, a tu criatura,

a quien redimiste con tu sangre.

Amén.

(De una oración del Siglo IV de San Ambrosio, usada como preparación antes de Misa).

Apéndice

Sugerencias de Servicio

Como se menciona en la Introducción, nosotros no somos verdaderos discípulos de Cristo hasta que tomamos en serio sus palabras: "En verdad les digo que, cuando lo hicieron con alguno de los más pequeños de mis hermanos, me lo hicieron a mí."*(Mateo 25:40)*.

Con una sonrisa y el corazón abierto, somos llamados a ser las manos y los pies de Cristo en el mundo, especialmente para los necesitados. Pero algunas veces necesitamos alguna ayudita para empezar. Aquí tienen algunas sugerencias:

Pregunta a tu párroco cuáles son las necesidades de la comunidad parroquial—

"La caridad comienza en casa," y en la vida de la Iglesia tu casa es tu parroquia. Tu párroco te ayudará a que te enteres quienes son los que sufren de soledad, los mayores, los enfermos o deshabilitados en tu comunidad. El te puede decir quién necesita recibir la Comunión, recibir una visita amistosa, o necesite ayuda material. También puedes preguntar si hay feligreses que requieran que alguien los recoja para ir y regresar de la iglesia, ya sea por edad, salud o alguna necesidad especial.

Ponte en contacto con "Catholic Charities"—

Considera ofrecer algún tiempo voluntario a "Catholic Charities," quien tiene agencias en todo el país. Para encontrar una cerca de ti, visita **www.catholiccharitiesusa.org,** luego oprime "Who We Are" y después "Local Agency Directory."

Revisa las Páginas Amarillas bajo "Social Service Organizations" o "Volunteer Services"—

Te vas a sorprender de las muchas oportunidades de servicio que existen en tu comunidad: Meals on Wheels (Comidas Sobre Ruedas), Habitat for Humanity (Hábitat para la Humanidad), Birthright (Derecho a Nacer) u otros centros de embarazos críticos, bancos de alimentos, albergues para desamparados, Centros del Catholic Worker (Movimiento del Trabajador Católico) y más.

Presta Atención a tu Alrededor—

Muchas veces nos hacemos nudos tratando de decidir a dónde ir y qué hacer cuando tenemos un vecino de edad avanzada al lado, o hay una casa para ancianos a unas cuantas cuadras. Sin duda que hay personas que viven cerca que se sienten solas y a quienes les encantaría una visita.

¡Qué el antiguo testimonio se renueve!:
"¡Vean como se aman unos a otros!"

Notas

Notas

Serie de Discipulado

Novo Millennio Press